中国核学会编写

中国核学会科学家画册 · 理事长系列

王乃彦

中国原子能出版社

图书在版编目(CIP)数据

王乃彦/中国核学会编. —北京：中国原子能出版社，2021.1
（中国核学会科学家画册.理事长系列）
ISBN 978-7-5221-0880-3

Ⅰ.①王… Ⅱ.①中… Ⅲ.①王乃彦-传记-画册
Ⅳ.①K826.11-64

中国版本图书馆CIP数据核字(2020)第173676号

中国核学会科学家画册理事长系列·王乃彦

出版发行 中国原子能出版社（北京市海淀区阜成路43号 100048）
策划编辑 王 朋 付 真 付 凯
责任编辑 杨晓宇
书籍设计 赵 杰 崔 彤
封面设计 马世玉 赵 杰
责任校对 宋 巍
责任印制 潘玉玲
印　　刷 北京卓诚恒信彩色印刷有限公司
经　　销 全国新华书店
开　　本 889 mm×1194 mm 1/12
印　　张 11.5
字　　数 215千字
版　　次 2021年1月第1版 2021年1月第1次印刷
书　　号 ISBN 978-7-5221-0880-3 **定 价** 120.00 元

网　　址：http://www.aep.com.cn E-mail:atomep123@126.com
发行电话：010-68452845

《中国核学会科学家画册·理事长系列》

编委会名单

总　序

核科学技术作为国家战略性高科技，在保持国家核战略威慑力量、促进能源结构调整、带动高端装备制造业升级、提高综合国力等方面，具有极其重要的战略地位和作用，党和国家始终高度重视。中国老一辈的核科技工作者们以报效祖国的热情和坚韧卓绝的意志，开创了“两弹一艇”的宏伟事业，为中华民族屹立于世界之林奠定了基础。一代代核科技工作者，用忠诚、信仰、学识、青春甚至生命，铸就了爱国、创新、求实、奉献、协同、育人的中国科学家精神。不管时代如何变化，这种精神始终能够薪火相传并愈加焕发出勃勃生机，召唤激励着更多科技工作者披荆斩棘、砥砺前行。

1980 年，为配合改革开放和对外交流的需要，促进中国核科学技术的发展，中国核学会应运而生，第一届理事会中共有 8 名“两弹一星”功勋奖章获得者，为中国核学会的发展奠定了一流的学术基础和优良的工作传统。近 40 年来，在历任理事长王淦昌、姜圣阶、汪德熙、钱皋韵、王乃彦、李冠兴院士等老一辈科学家的倡导和培育下，中国核学会发展成为一个拥有近万名个人会员、189 家会员单位、8 个工作委员会及 43 个专业分会，联系 23 个省核学会的全国性科技社团，参与组建了中国科协创新融合学会联合体及清洁能源学会联合体，在推动我国核科技产业发展方面发挥了积极作用。

今天，在全球倡导绿色能源和低碳经济的时代背景下，我国的核事业迎来了新的发展机遇。中国核学会立足国家大力发展核科技事业的良好契机，按照第九届理事会确定的“积极向‘国际一流学会’迈进”的目标，坚持为科技工作者服务、为创新驱动发展服务、为提高全民科学素质服务、为党和政府科学决策服务，把广大核科技工作者的积极性、主动性和创造性凝聚到建设创新型国家的伟大事业中来。

我们编写《中国核学会科学家画册》系列丛书，旨在纪念为中国核学会发展付出心血的核科技工作者，记录近40年来中国核科学事业不断探索前进的脚步，推动科学家精神更为广泛地传播，鼓舞和鞭策青年一代更好地承担历史使命。同时，我们也希望此丛书能向社会展示中国核学会39个专业分会和广大核科技工作者们为国家和社会发展做出的贡献，从而使更多的人理解和支持学会的工作，吸引和团结更多的人加入核科技工作者的队伍，共同谱写科技事业新的华彩乐章，汇聚起建设世界科技强国的磅礴力量！

王寿君

全国政协常委

中国核学会党委书记、理事长

2019年7月7日

前言

王乃彦是我国著名的核物理学家、中国科学院院士。1956 年北京大学毕业以后，王乃彦被分配到原子能研究所，做中子能谱学研究。他和他的同事们建成了我国在原子反应堆上第一台测量中子能谱和截面的中子飞行时间谱仪，测量了中国第一批中子核数据。1959—1965 年，在钱三强的推荐下，王乃彦在苏联杜布纳联合核子研究所访学，主要从事中子物理学研究。他的研究成果被作为重要成果在国际会议上发表。1965 年回国后，他被分配到二机部核武器研究设计院第二研究所工作，参与我国氢弹研制试验任务。他刻苦钻研，攻克技术难关，为我国氢弹试验成功提供了可靠的近区物理测量数据。1979 年年底，王乃彦被调往中国原子能科学研究院，在王淦昌的指导下开展粒子束惯性约束核聚变和氟化氪激光惯性约束核聚变的研究，并建立了相应的实验室。1995—1999 年先后担任核工业研究生部主任、核工业总公司科技委副主任、国家自然科学基金委员会副主任、中国物理学会常务理事、世界核聚变理事会理事。从 1998 年起，王乃彦先后担任第四届中国核学会副理事长，第五届、第六届中国核学会理事长。他重点围绕学术交流、书刊出版、科普与公众沟通、服务核科技工作者和会员单位方面开展了大量工作，取得了丰硕成果。2008—2013 年，他受聘担任北京师范大学核科学与技术学院院长及教授、博士生导师，培养了大量核专业人才。他还一直致力于科普核科技知识和宣传科学道德与学风建设的工作。

本书由杨晓宇、杨关执笔。

目录

第一章

耳濡目染 矢志求学

耳濡目染 矢志求学

1935 年 11 月 21 日，王乃彦出生于福建福州。他的父亲毕业于北京测绘学堂，大舅、二舅都学习化工，二舅当时是著名化学家侯德榜（侯氏制碱法的创始人，中国重化学工业的开拓者）的助手。

王乃彦的父亲特别喜欢读书，在他的言传身教下，哥哥考取了北洋大学、姐姐考取了上海交通大学。家里孩子众多，又都考取了大学，这使本不富裕的家庭生活捉襟见肘，即便如此，他的父母仍然坚持让孩子读书。

王乃彦上初中三年级时，福州解放了。他从福州三中考到了福州一中，这两所学校分别是福州最好的初中和高中。高中时福州一中用的英语课本是商务印书馆出版的原版英语教科书，价格比较贵。王乃彦清晰地记得，父亲在开课前想办法从别人那里借来了英语课本，一笔一笔地把整本书抄下来，王乃彦就拿着这本手抄本去上课。父亲对他说，再艰难的日子也得念书。

1950 年，抗美援朝开始了，上高一的王乃彦和同学们一起积极报名参军，但后来还是服从组织安排，作为团干部参加了福州郊区的土改工作。之后的 1 年 2 个月，他成为当时全福州五六个土改工作一等功臣之一，他以最小的年龄和最出色的工作赢得了青年知识人才稀缺的福州市委的青睐，他们希望王乃彦能去市委工作。王乃彦经过深思熟虑后，决定回学校继续学业。

回到学校后，王乃彦刻苦学习，努力追赶落下的课程。那个时候， 学生白天上课，晚上开会。不少学生抱怨老师留的作业多，老师就让学生们挑着做。而王乃彦从不抱怨，总是把作业从头做到尾。王乃彦由此得到老师的重视，经常被老师课后叫到家里去补课，五六个月之后，基本上把落下的课程补完了，他的成绩在班里也名列前茅。

1950 年除夕，王乃彦（前排左一）于土改训练班合影

耳濡目染 矢志求学

1950 年 8 月，王乃彦（前排左三）在团干部训练班合影

王乃彦（前排左三）高中二年级时所在班级合影

王乃彦（左二）和同学在福州三中旧址合影

第二章

崭露头角 访学苏联

崭露头角 访学苏联

1952 年，王乃彦与同班的 5 位同学凭借优异的成绩一起考入了北京大学物理系。1955 年，学校突然宣布，把他转去原子能这个新建的专业学习。随着原子能专业的建立，中国开始了核工业建设和核武器研制的秘密历程。

1956 年，刚刚大学毕业的王乃彦被分配到原子能研究所（中国原子能科学研究院前身）的二室，钱三强是室主任，副主任是何泽慧和朱光亚，任务是建立反应堆的中子飞行时间谱仪，做中子能谱学研究。在原子能所工作的三年中，王乃彦潜心研究，和他的同事们建成了我国在原子反应堆上第一台测量中子能谱和截面的中子飞行时间谱仪，测量了中国第一批中子核数据。当时，他研制的中子飞行时间谱仪的科技水平不仅在国内是领先的，在世界范围内都属于先进水平。

1959 年，作为赴杜布纳联合所中子物理实验室工作的第二批人员，年仅 24 岁的王乃彦开启了他的苏联之旅。1959—1965 年，王乃彦在苏联杜布纳联合核子研究所主要从事中子物理学研究。他研制了大面积的含硼液体闪烁探测器，在对 Tb 和 Yb 等稀土元素的同位素的中子截面测量中发现了一些新的中子共振峰，在对 ^{171}Yb、^{174}Yb、^{176} Yb 的全截面和 (n · y) 反应截面做全面分析的基础上，在世界中子能谱学研究的领域中第一个得到了 ^{171} Yb 和 ^{178} Yb 的能阶分布和强固函数，该项研究成果 1965 年在比利时安特卫普举行的用中子研究核结构的国际会议上作为该实验室的重要成果发表。

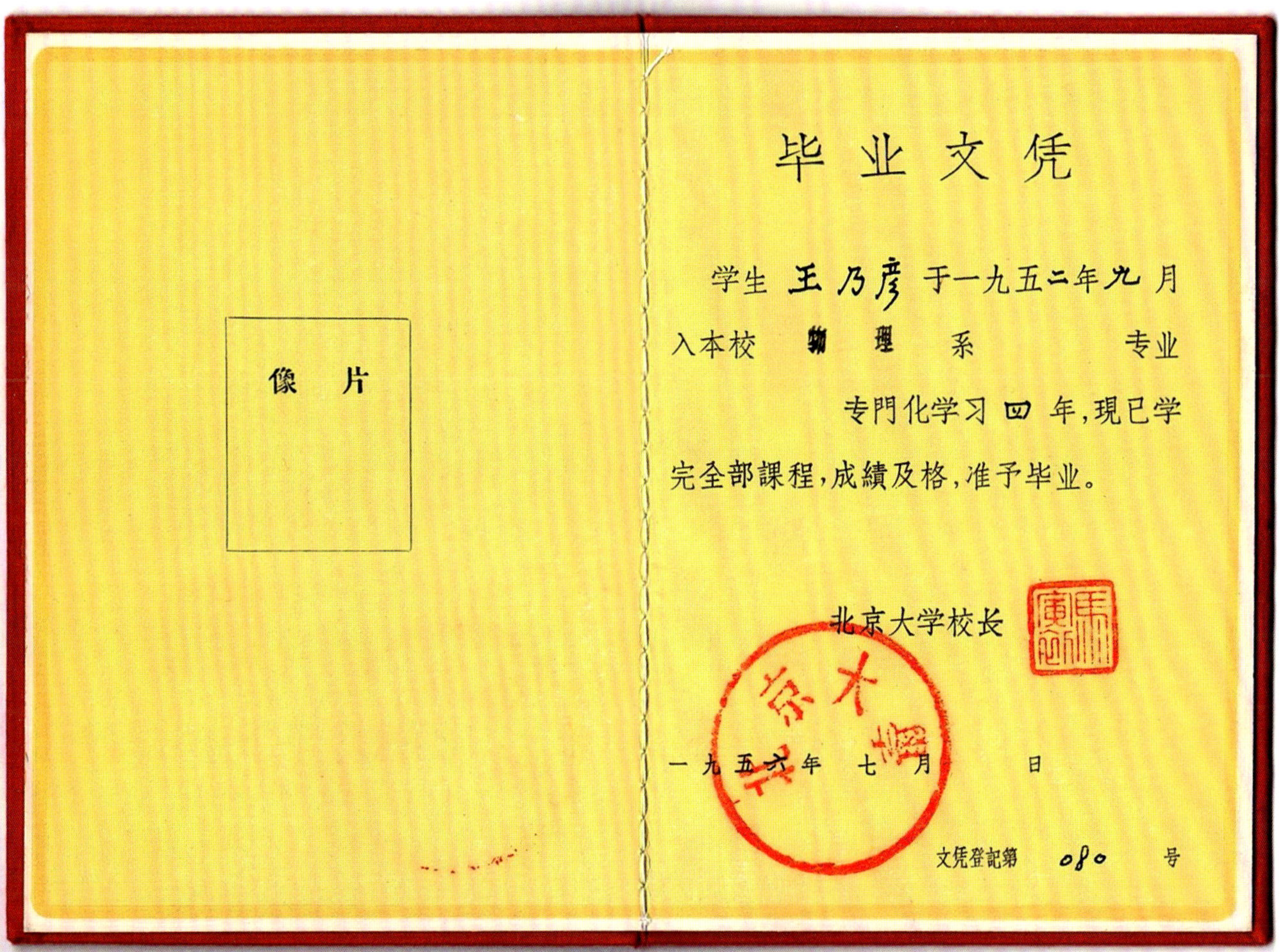

像 片

毕业文凭

学生 王乃彦 于一九五二年九月
入本校 物理 系 专业
专門化学习 四 年，現已学
完全部課程，成績及格，准予毕业。

北京大学校长

一九五六年 七 月 日

文凭登記第 080 号

王乃彦的北京大学物理系毕业证书

崭露头角 访学苏联

2006 年，北京大学物理专业 52 级毕业 50 周年纪念合影，前排右七为王乃彦

2012 年，北大物理 52 级校友入学六十周年合影留念，第二排左四为王乃彦

崭露头角 访学苏联

1961 年，王乃彦（左）与吕敏在杜布纳 11 号旅馆前合影

1962 年，王乃彦（中）参加五一劳动节游行

1962 年，王乃彦在杜布纳联合核子研究所

崭露头角 访学苏联

1962 年，王乃彦（右二）与苏联杜布纳联合核子研究所同事共同进餐

1962 年苏联十月革命节，王乃彦（右三）在莫斯科与同事合影

崭露头角 访学苏联

1962 年，王乃彦在苏联莫斯科红场

1963 年，王乃彦在莫斯科

第三章

艰苦创新 攻坚克难

艰苦创新 攻坚克难

由于中苏关系破裂，1965 年，王乃彦及所有在杜布纳联合核子研究所工作的中国研究人员奉命撤回。回国后，他被分配到二机部核武器研究设计院第二研究所工作。按照中央对于加快氢弹研制的战略决策，王乃彦来到了青海海晏县金银滩，开始参与氢弹的试验工作，主要负责氢弹试验中近区物理数据的测量。在此期间，王乃彦很幸运地得到了王淦昌（核物理学家、中国核科学的奠基人和开拓者之一、中国科学院院士、“两弹一星功勋奖章”获得者）的指导。

为了提高测量精度，王乃彦把核物理的方法与数学的方法结合应用到核武器测试上，解决了数学计算上的困难。这些科研上的突破，在当时是极不容易的，因为没有经验可循，完全依靠自己对核爆炸原理的钻研。他经过艰苦努力，在关键的实验过程中实现了氢弹原理性突破，攻克了地下测试技术关，为我国氢弹试验成功提供了可靠的近区物理测量数据。

他用许多核物理的实验方法创新了多种探测技术，以满足核武器实验中物理测试的要求，为了提高测试数据的精度，他花费了大量的时间和精力去解决测试数据的反演和解卷积问题，使我国核试验近区物理测试技术的水平有了质的提高。

1978 年，王乃彦作为核试验物理测试实验室的室主任，代表参加了全国科学大会，会上，该室共获得四项全国科学大会奖。

核试验基地旧貌

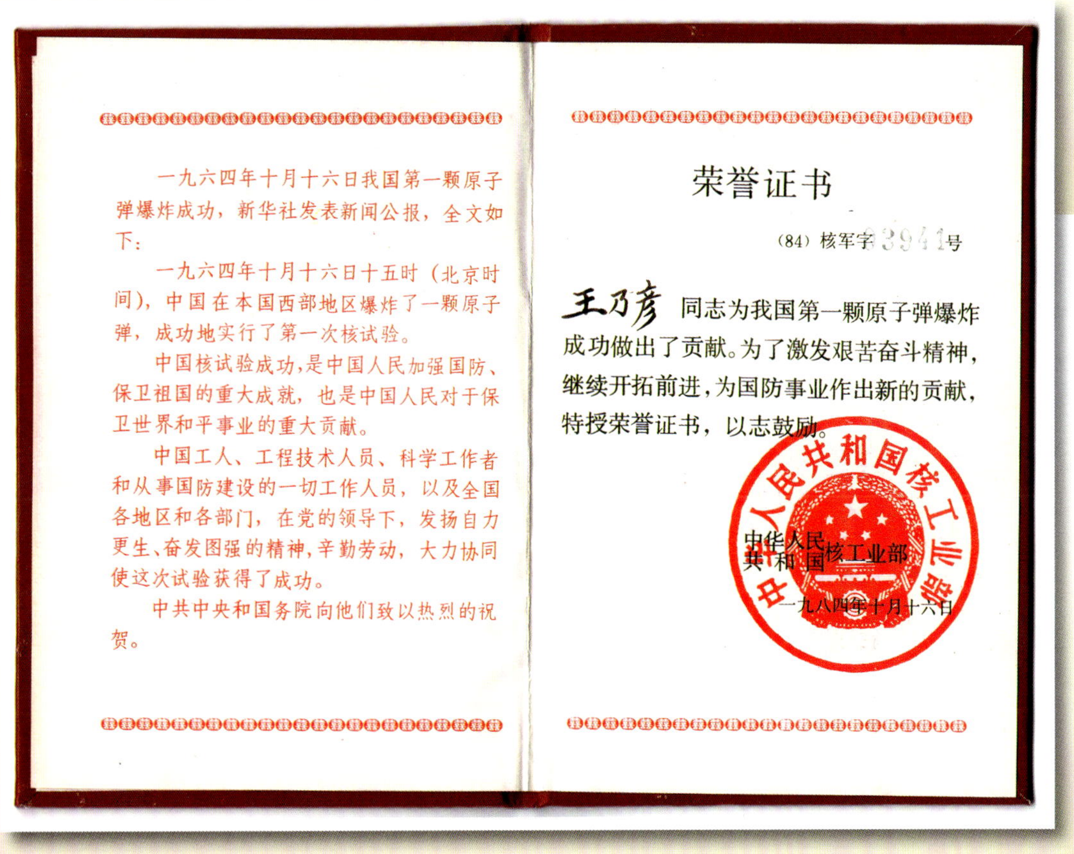

一九六四年十月十六日我国第一颗原子弹爆炸成功，新华社发表新闻公报，全文如下：

一九六四年十月十六日十五时（北京时间），中国在本国西部地区爆炸了一颗原子弹，成功地实行了第一次核试验。

中国核试验成功，是中国人民加强国防、保卫祖国的重大成就，也是中国人民对于保卫世界和平事业的重大贡献。

中国工人、工程技术人员、科学工作者和从事国防建设的一切工作人员，以及全国各地区和各部门，在党的领导下，发扬自力更生、奋发图强的精神，辛勤劳动，大力协同使这次试验获得了成功。

中共中央和国务院向他们致以热烈的祝贺。

荣誉证书

（84）核军字03941号

王乃彦 同志为我国第一颗原子弹爆炸成功做出了贡献。为了激发艰苦奋斗精神，继续开拓前进，为国防事业作出新的贡献，特授荣誉证书，以志鼓励。

中华人民共和国核工业部

一九八四年十月十六日

1984 年，王乃彦获得的“第一颗原子弹爆炸”荣誉证书

第四章

倾心科研 勇于登攀

倾心科研 勇于登攀

1979 年年底，王乃彦被调往中国原子能科学研究院，在王淦昌的指导下开展粒子束惯性约束核聚变和氟化氪激光惯性约束核聚变的研究，组建了强流粒子束实验室（强流粒子束与激光研究室前身），并担任室主任。

王乃彦领导研究室边学习、边实践，克服无资料、无经验、无借鉴、工作环境差等困难，通过对惯性约束核聚变领域的物理和技术问题进行的系统研究，在高功率脉冲技术、束流物理和束靶相互作用等方面，取得了在国内具有开创性的研究成果。1981 年成功建成了我国第一台水介质的低电压大电流电子束加速器。1982 年开始打靶实验，这台强流电子加速器全部指标都达到了国际先进水平，当时不仅是国内首创，在国际同类加速器中也处于先进水平。1986 年，第六届国际高功率粒子束会议在日本长冈召开，王乃彦应邀出席会议并做报告，他是该会议邀请的第一位中国教授。

1987 年在国家“863”计划“410”强激光技术主题专家组的支持下，王乃彦领导的研究室开始了百焦耳级氟化氪准分子激光的研制，他们研制的六束角多路的氟化氪激光装置，对于在我国开展短波长激光核聚变及其与等离子体相互作用、超短超强激光的放大具有重要意义，获得了 1993 年国家科技进步三等奖、2002 年国防科工委科技进步一等奖。

1993 年，王乃彦当选中国科学院院士。

1997 — 2005 年，王乃彦担任了国家自然科学基金委员会副主任、国家自然科学基金委员会数理学部主任的职务，在国家自然科学基金委员会工作了两届。

2010 年，王乃彦担任中国科学院战略研究组组长，组织制定了《未来十年中国学科发展战略——物理学》及《中国核物理与等离子体物理中长期发展战略》。

王乃彦（左一）在用于惯性约束核聚变的氟化氪激光装置前

王乃彦（左一）在实验现场

倾心科研 勇于登攀

王乃彦与其他专家在原子能院合影，前排左起：杜祥琬、王三江、陈能宽、朱光亚、王淦昌、王大珩、马祖光、于敏、王乃彦

王乃彦（前排右二）与中国原子能科学研究院同事合影

倾心科研 勇于登攀

王乃彦（右二）与中外专家合影

1979 年，王乃彦（第五排左五）参加戈登研究会议

倾心科研 勇于登攀

王乃彦（右二）带领外国专家参观实验室

1986 年，王乃彦（前排右二）在日本与友人合影

王乃彦（右二）与中外专家合影

王乃彦（左二）与中外专家合影

倾心科研 勇于登攀

王乃彦（左一）与外国专家交流

1986 年，王乃彦（前排左三）参加在日本长冈举行的第二届国际相对论性电子束惯性约束核聚变会议

1986 年，王乃彦（后数五排中间着淡蓝色西服者）在日本参加高能粒子束第六届国际会议

王乃彦（二排左三）参加 1 兆伏强流脉冲电子加速器技术鉴定会合影

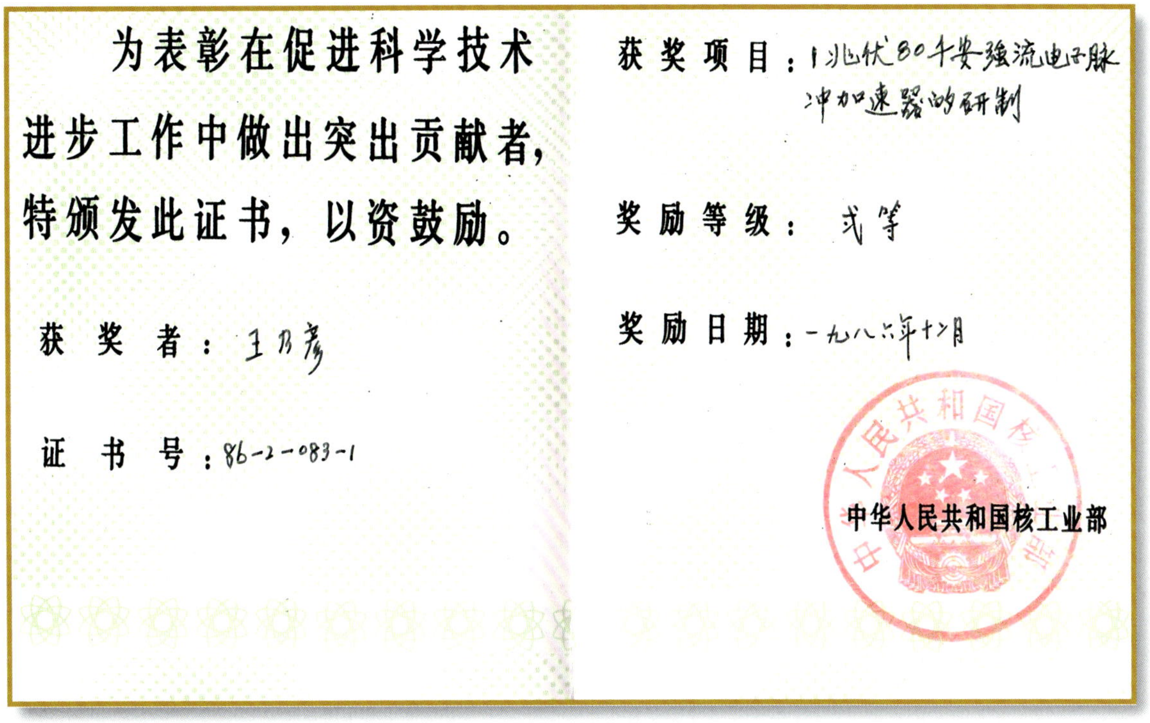
为表彰在促进科学技术进步工作中做出突出贡献者，特颁发此证书，以资鼓励。

获 奖 者：王乃彦

证 书 号：86-2-083-1

获 奖 项 目：1兆伏80千安强流电子脉冲加速器的研制

奖 励 等 级：贰等

奖 励 日 期：一九八六年十二月

中华人民共和国核工业部

1986 年，王乃彦获得的科技进步二等奖（1 兆伏 80 千安强流电流电子脉冲加速器）荣誉证书

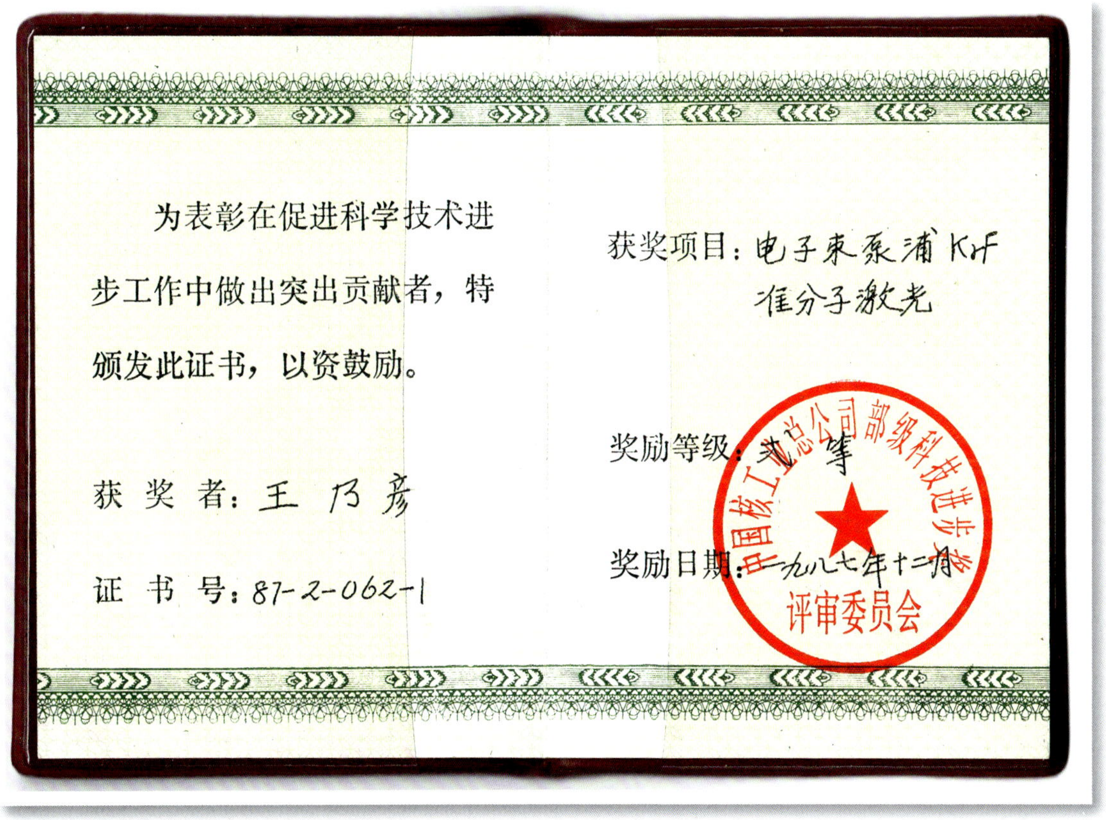
为表彰在促进科学技术进步工作中做出突出贡献者，特颁发此证书，以资鼓励。

获 奖 者：王 乃 彦

证 书 号：87-2-062-1

获奖项目：电子束泵浦KrF准分子激光

奖励等级：贰等

奖励日期：一九八七年十二月

中国核工业总公司部级科技进步奖评审委员会

1987 年，王乃彦获得的科技进步二等奖（电子束泵浦氟化氪准分子激光）荣誉证书

倾心科研 勇于登攀

王乃彦获得的“科技进步”奖章

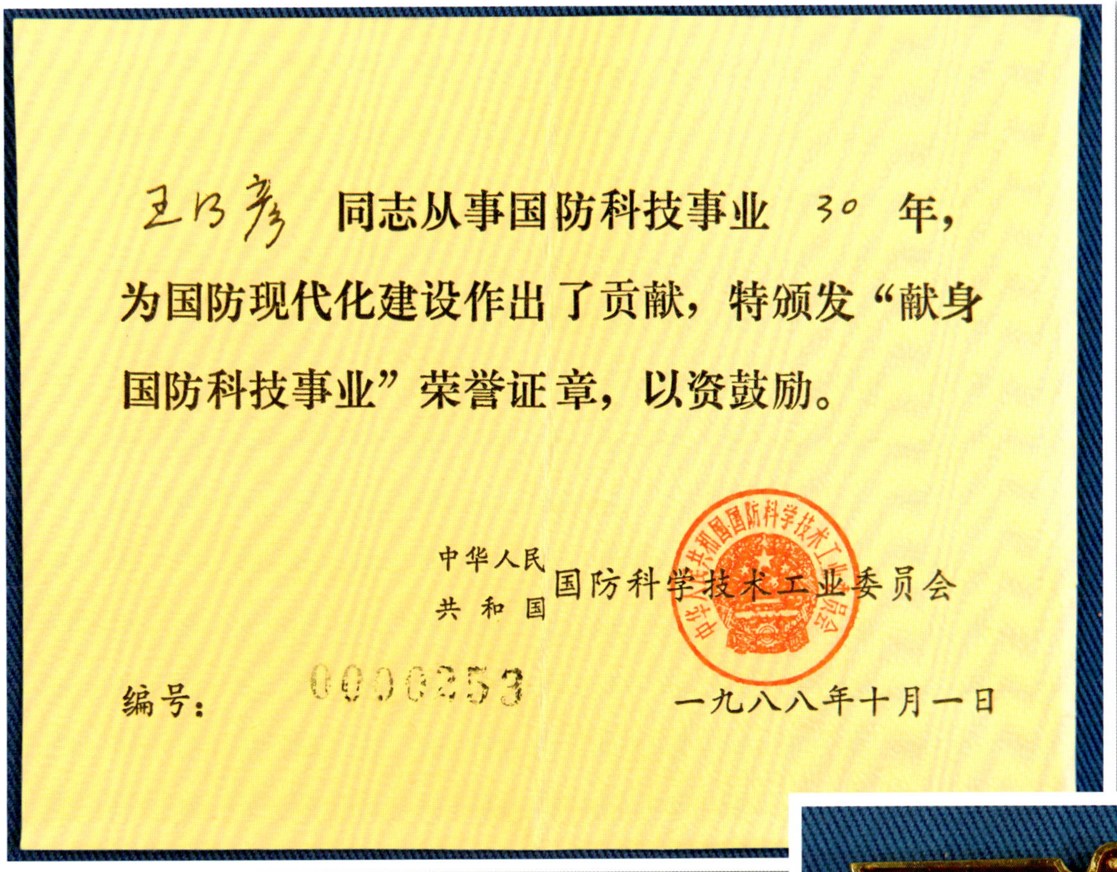

王乃彦 同志从事国防科技事业 30 年，为国防现代化建设作出了贡献，特颁发“献身国防科技事业”荣誉证章，以资鼓励。

中华人民共和国国防科学技术工业委员会

编号：0000253

一九八八年十月一日

王乃彦获得的“献身国防科技事业”荣誉证书

王乃彦获得的“献身国防科技事业”荣誉奖章

倾心科研 勇于登攀

1990 年，王乃彦（右五）在实验工厂检查百焦耳级电子束泵浦氟化氪准分子激光加速器的设备制造情况

1991 年，王乃彦（左一）参加国际交流活动

王乃彦（前排右三）与“闪光二号”加速器合影

倾心科研 勇于登攀

1992 年，王乃彦（前排左二）在日本东京参加国际会议

1993 年，王乃彦（第二排左五）参加神光装置升级方案讨论会暨学术委员会扩大会议与代表合影

倾心科研 勇于登攀

1993 年，王乃彦获得的科技进步三等奖（强流电子束泵浦百焦耳级氟化氪准分子激光）荣誉证书

1994年10月，王乃彦（演唱者右二）参加核工业创建40周年文艺汇演

994年10月，王乃彦（前
非右三）参加核工业创建
0周年文艺汇演

倾心科研 勇于登攀

王乃彦（左二）参加北京国际准分子激光讲习与讨论会

王乃彦（右）与外国来访专家交流

王乃彦（前排左三）参加第二届全国准分子激光学术研讨会

王乃彦（前排左四）与“整体X光透镜的研制及其应用”成果鉴定会参会人员合影

倾心科研 勇于登攀

1998 年，王乃彦（前排左二）参加《强激光与粒子束》创办十周年纪念活动

2000 年，王乃彦（ 前排右四 ）与《强激光与粒子束》编委会第四届一次会议与会人员合影

2002 年，王乃彦（前排左二）参加二十一世纪的物理学和中国的发展 CUSPEA 学者研讨会

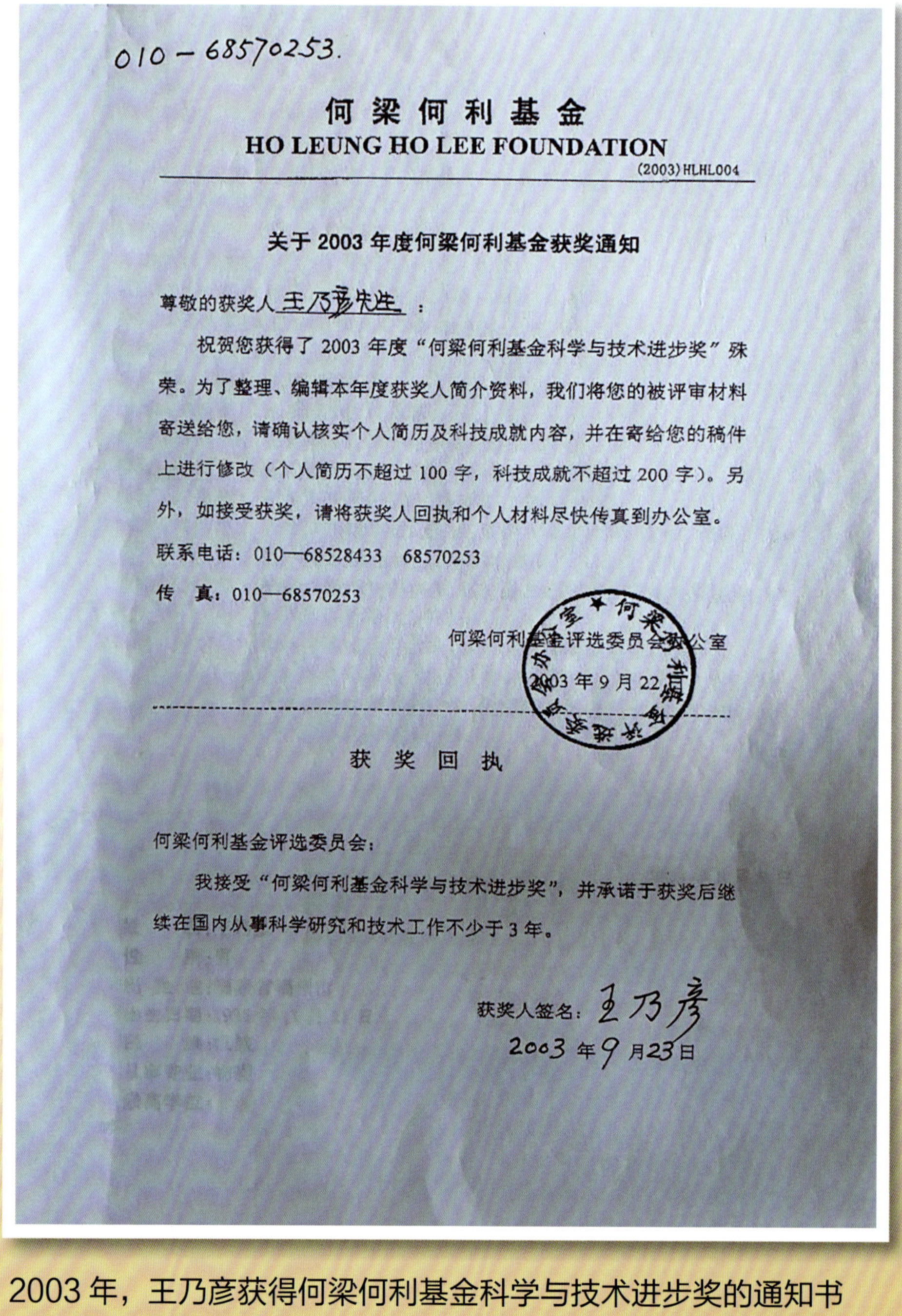

010－68570253.

何梁何利基金

HO LEUNG HO LEE FOUNDATION

(2003)HLHL004

关于 2003 年度何梁何利基金获奖通知

尊敬的获奖人王乃彦先生：

祝贺您获得了 2003 年度“何梁何利基金科学与技术进步奖”殊荣。为了整理、编辑本年度获奖人简介资料，我们将您的被评审材料寄送给您，请确认核实个人简历及科技成就内容，并在寄给您的稿件上进行修改（个人简历不超过 100 字，科技成就不超过 200 字）。另外，如接受获奖，请将获奖人回执和个人材料尽快传真到办公室。

联系电话：010—68528433　68570253

传　真：010—68570253

何梁何利基金评选委员会办公室

2003 年 9 月 22 日

获 奖 回 执

何梁何利基金评选委员会：

我接受“何梁何利基金科学与技术进步奖”，并承诺于获奖后继续在国内从事科学研究和技术工作不少于 3 年。

获奖人签名：王乃彦

2003 年 9 月 23 日

2003 年，王乃彦获得何梁何利基金科学与技术进步奖的通知书

2004 年，王乃彦（前排左四）参加“神龙一号”加速器成果鉴定会

2006 年，王乃彦（前排左四）参加第五届全国准分子激光学术研讨会

王乃彦（台上发言者）在中德高强度激光粒子束研讨会上发言

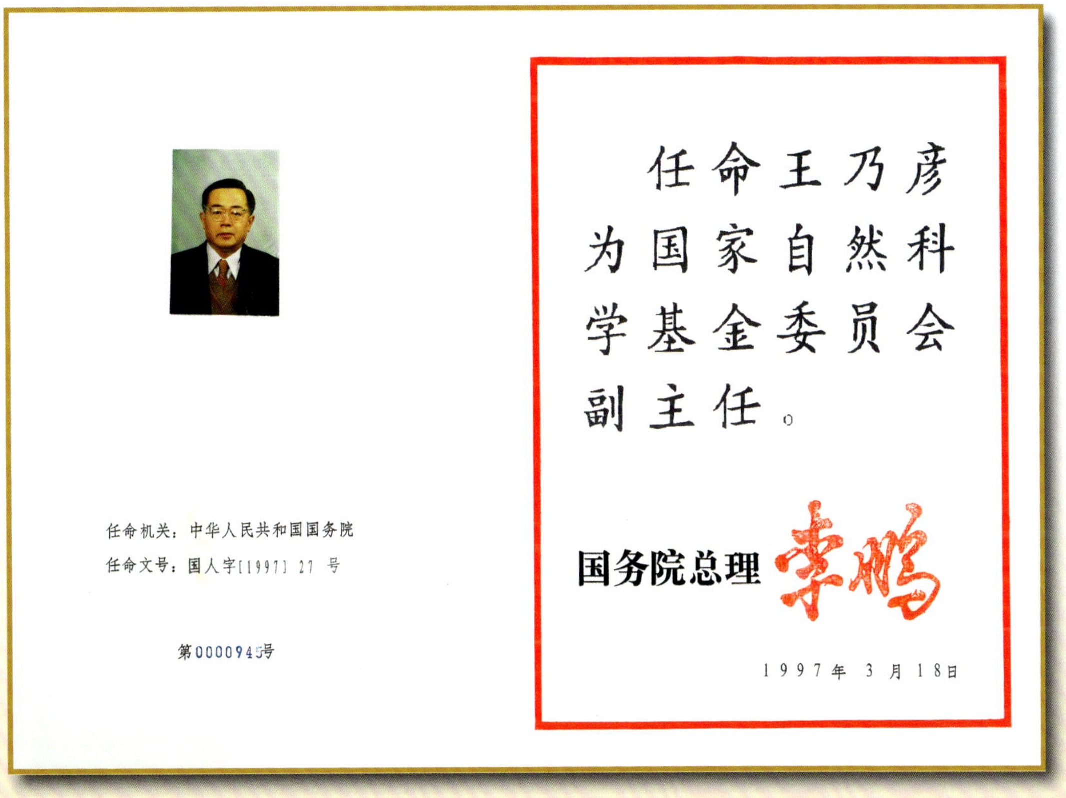

任命王乃彦为国家自然科学基金委员会副主任。

国务院总理 李鹏

1997年3月18日

任命机关：中华人民共和国国务院

任命文号：国人字[1997]27号

第0000945号

王乃彦“国家自然科学基金委员会副主任”任命书

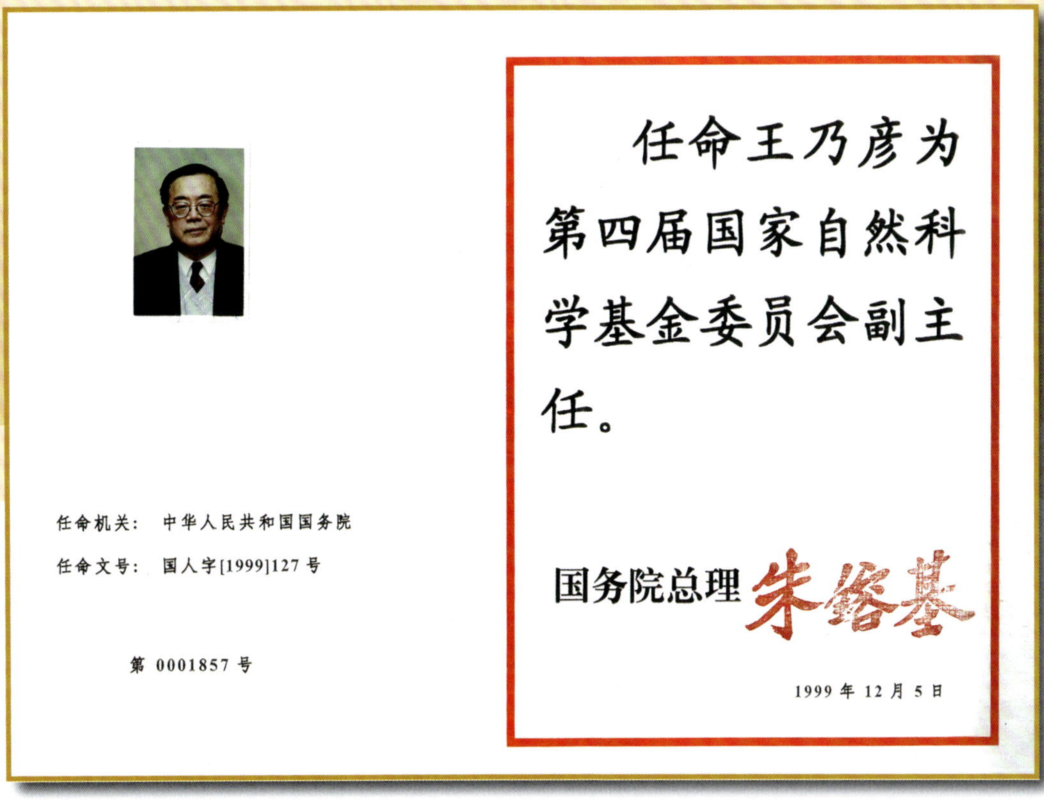

任命王乃彦为第四届国家自然科学基金委员会副主任。

国务院总理 朱镕基

1999年12月5日

任命机关：中华人民共和国国务院

任命文号：国人字[1999]127号

第0001857号

王乃彦“第四届国家自然科学基金委员会副主任”任命书

2000 年，国家自然科学基金委员会数理科学部年度科学基金项目评审会，王乃彦（前排左七）与参会人员合影

王乃彦（前排左一）代表国家自然科学基金委员会与中国工程物理研究院签署成立 NASF 联合基金的协议

倾心科研 勇于登攀

2001年，王乃彦（第二排左五）与“面向二十一世纪科学基金制”国际论坛参会人员合影

2002 年，王乃彦（前排左五）参加教育部国家基金委动物生物学高级研讨班骨干教师培训班合影

2002 年，王乃彦（前排左六）参加国家自然科学基金委员会、中国工程物理研究院 NASF 联合基金评审会

倾心科研 勇于登攀

2003 年，王乃彦（前排左七）参加国家基金委数理科学部项目评审会

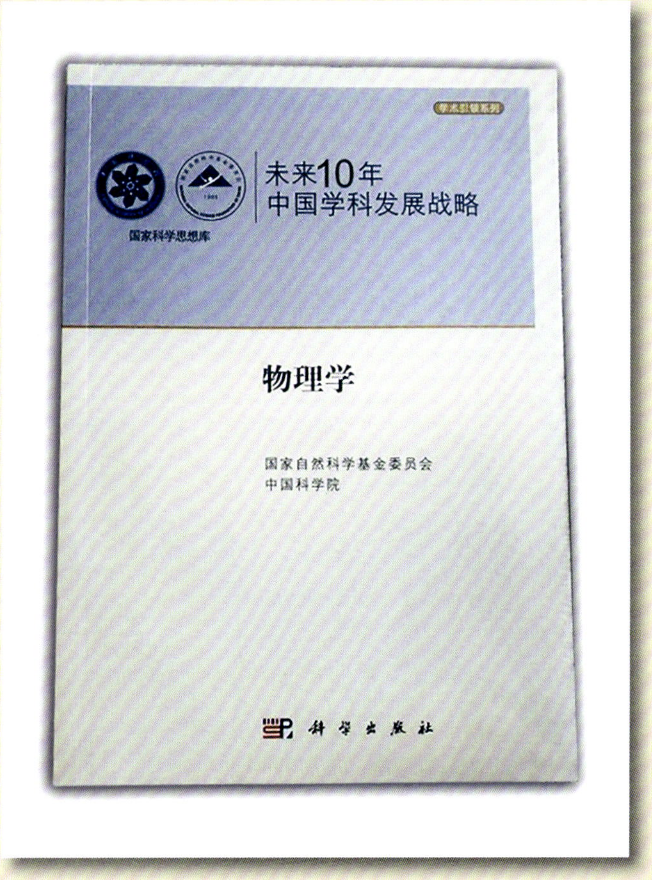

王乃彦作为组长制定的《未来 10 年中国学科发展战略——物理学》

王乃彦作为组长制定的《核物理与等离子体物理——学科前沿及发展战略》

2001年，王乃彦获得的“八六三计划”先进个人荣誉证书

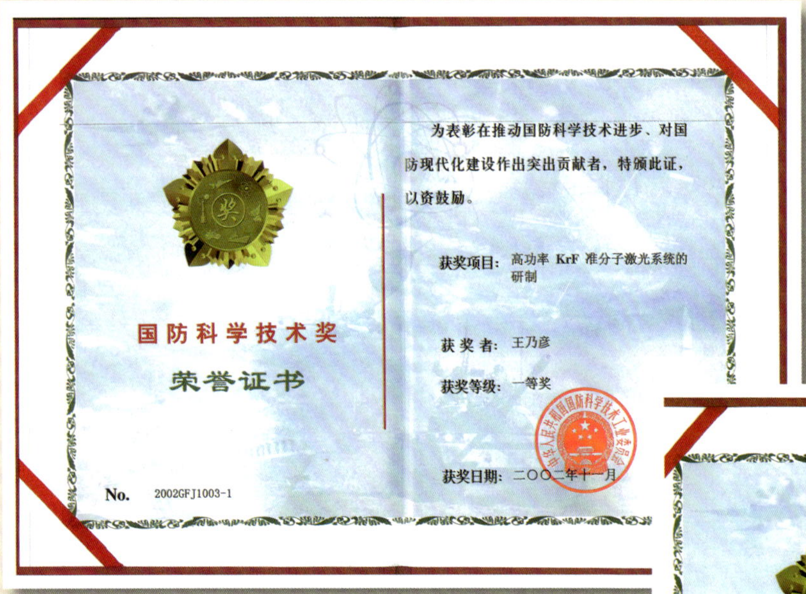

2002年，王乃彦获得的国防科技进步一等奖（高功率氟化氪准分子激光系统的研制）荣誉证书

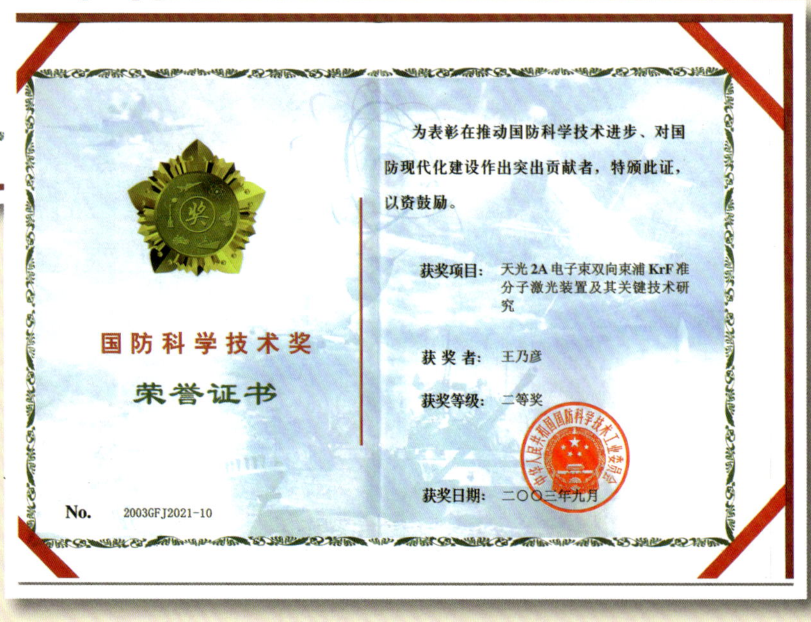

2003年，王乃彦获得的国防科技进步二等奖（天光2A电子束双向束浦氟化氪准分子激光装置及其关键技术研究）荣誉证书

2016 年，王乃彦（前排右三）与核物理与等离子体物理学科发展战略研究联合项目第一次研讨会参会人员合影

第五章

继往开来 建设学会

继往开来 建设学会

从 1998 年起，王乃彦先后担任第四届中国核学会副理事长，第五届、第六届中国核学会理事长。王乃彦在担任理事长期间，重点围绕学术交流、书刊出版、科普与公众沟通、服务核科技工作者和会员单位方面开展了大量工作，取得了丰硕成果。

在开展学术交流活动方面，先后组织了中国核学会学术年会、国际核工程大会、两岸核能学术交流研讨会、“三核”（即核科技、核应用、核经济）论坛、中国核电技术交流会等活动，这些学术交流活动为广大核科技工作者提供了“百花齐放、百家争鸣”的学术平台，为核科技进步营造了良好的学术氛围。

他十分注重刊物的出版工作，出版了《核科学与工程》正刊 34 期及增刊 9 期，支持各分支学会主办《核技术》等 11 种刊物，在促进学术交流和成果转化方面发挥了重要作用。

王乃彦积极开展社会科普，拓宽与公众沟通的渠道。召开科普咨询教育工作委员会会议，交流科普工作经验。组织并参加 10 余次“院士行”活动，深入全国各地为领导干部、普通群众做报告。他热衷青少年科普，积极参加每年的“魅力之光”杯核科普知识竞赛及夏令营活动。组织开展了四届中国国际核工业展览会，扩大了核工展在业内的影响力。组织编辑科普图书及《中国核科学技术学科发展报告》等，翻译出版了国外经典科普图书《宇宙能源——聚变》。

王乃彦围绕学会发展，积极开展国际间核科学技术的交流活动，发展同国外的核科技团体和核科技工作者的友好交流，加强与国际顶尖研究机构的合作。

王乃彦在 1999—2000 年担任太平洋地区核理事会副理事长，2001—2002 年担任该组织理事长，此后又担任选举委员会主席。任职期间，王乃彦在理事会中广交朋友，建立核能和核技术应用的科技工作者之间的联系，宣传中国核事业的发展和进步，并在理事会中进行一些制度改革，促进理事会工作效率的提高，使我国在理事会中成为积极活跃的一员。

2004 年，为表彰王乃彦为世界核科学事业做出的卓越贡献，世界核科学理事会授予他“全球奖”。王乃彦是全球四位获奖者中唯一的中国人。

2000 年，王乃彦（前排右二）与其他专家在太平洋地区核能大会上合影

2000 年，王乃彦（台上致辞者）在第十三届太平洋地区核能大会招待晚宴上致辞

2002 年，王乃彦（左三）参观中国国际核工业展览会

继往开来 建设学会

2006 年，王乃彦（中）主持核能发展与核安全座谈会

2007 年，王乃彦在纪念氢弹爆炸成功四十周年报告会上致辞

2007 年，王乃彦（右三）主持第四届中国核学会省市区“三核”论坛

2007 年，王乃彦（前排左六）与第四届中国核学会省市区“三核”论坛参会人员合影

继往开来 建设学会

2009 年，王乃彦（右二）参加中国核学会学术年会

2009 年，王乃彦（第二排左五）与参加中国核学会学术年会院士集体合影

2014 年，王乃彦在第二届中国两弹一星历史研究高层论坛暨纪念我国第一颗原子弹爆炸成功五十周年座谈会上致辞

继往开来 建设学会

2014 年，王乃彦（左）和陈佳洱参加朱光亚诞辰 90 周年座谈会

2015 年，王乃彦（左）出席中国核学会学术年会

2016 年，王乃彦（后排左六）在第十四届中国国际核工业展览会暨第二十届太平洋地区核能大会上为获奖者颁奖

2016 年，王乃彦（左一）出席核科学技术名词审定编写委员会成立大会

2018 年，王乃彦（前排左四）出席《2016—2017 年中国核技术应用学科发展报告》发布会

2008 年，王乃彦（第二排左六）参加第七届两岸核能学术交流研讨会

中国台湾地区核能协进会董事长前往机场迎接王乃彦（右）

王乃彦（右二）与中国台湾地区电力公司董事长会谈

王乃彦（右三）访问中国台湾地区中鼎工程公司

王乃彦（前排左五）率领中国核学会代表团访问中国台湾地区核能三厂

王乃彦（左五）参观中国台湾地区在建的核电四厂

2003 年，王乃彦（前排右三）出席中俄核学会合作协议签字仪式

2004 年，王乃彦（右四）会见美国机械工程师协会理事长和秘书长

王乃彦（中）被授予 INSC“全球奖”

International Nuclear Societies Council

GLOBAL AWARD 2004

DIPLOMA

Whereas the INTERNATIONAL NUCLEAR SOCIETIES COUNCIL (INSC) GLOBAL AWARD has been established to honor an individual or program group whose international professional efforts in developing nuclear technology utilization in a sustainable manner for the welfare of society in accordance with the principles of the INSC Global Creed,

Whereas such utilization should be conducted in such a way that the enhancement of public health and safety and environmental protection are integral and essential components of those efforts,

Whereas the INTERNATIONAL NUCLEAR SOCIETIES COUNCIL GLOBAL CREED stipulates that Nuclear Professionals should uphold and advance the integrity, honor, and dignity of their profession by:

- *Promoting the involvement of Societies and professionals worldwide in the quest of excellence and quality in the application of nuclear science and technology for the service of humanity.*
- *Promoting the use of their knowledge and skills for the enhancement of human welfare by furthering public health and safety and environmental protection in the implementation of nuclear projects and programs.*
- *Enhancing the peaceful uses and application of nuclear science and technology.*
- *Ensuring the public is informed of the facts surrounding nuclear science and technology in an objective and truthful manner,*

the INTERNATIONAL NUCLEAR SOCIETIES COUNCIL confers herewith its 2004 GLOBAL AWARD to

PROFESSOR WANG NAIYAN

National Natural Science Foundation of China

for his exceptional leadership in promoting the establishment of international programs of nuclear co-operation with members and institutions of different countries in the area of the Pacific Basin, and for his unswerving contribution to the attainment of top-level scientific and technological standards in the nuclear field in China.

Date: 13th November 2004

Jorge Spitalnik
Chair INSC

Bertrand Barré
Chair Honors & Awards Committee

2004年，王乃彦获得的“全球奖”证书

王乃彦（右）与美国核学会主席亲切握手

王乃彦（前排右二）代表中国核学会与美国核学会签署合作协议

王乃彦（左六）率团赴俄罗斯

王乃彦（中）和安继刚（右）陪同澳大利亚核学会秘书长参观清华大学

王乃彦（前排左二）与外国来访专家合影

王乃彦（前排右四）与外国来访团体合影

王乃彦（前排左二）与太平洋地区核理事会成员合影

继往开来 建设学会

2006 年，王乃彦（右三）参加院士湖北行活动

2014 年，王乃彦在第二届“魅力之光”杯全国中学生核电科普知识竞赛题词旁签名留念

2014 年，王乃彦（右）参加第 48 期科学家与媒体面对面活动——追寻“核”你我的关系

继往开来 建设学会

2015 年，王乃彦（右四）出席第三届“魅力之光”杯全国中学生核电科普知识竞赛启动仪式暨核科普走进中学生课堂活动

王乃彦（右）与学生亲切交谈

2016 年，王乃彦在全国核科普讲师培训班上授课

2016 年，王乃彦（前排左五）与学员合影

继往开来 建设学会

2017 年，王乃彦（左）作客人民网

2017 年，王乃彦（左五）出席科普中国——绿色核能主题科普活动启动仪式

2017 年，王乃彦在科普中国——绿色核能主题科普活动上发言

2017 年，王乃彦（左一）参加第十九届中国科协年会小型核电民用化圆桌论坛

2017 年，王乃彦（左三）出席全国科普日北京主场活动绿色核能主题展启动仪式

王乃彦在会上致辞

王乃彦（前排右二）参观全国科普日绿色核能科普主题展览

2017 年，王乃彦在福州举办的核电对现代社会的影响与安全保障公众沟通讲座上做报告

2010 年，王乃彦在中国核学会成立 30 周年活动上致辞

继往开来 建设学会

2010 年，王乃彦（左二）出席中国核学会成立 30 周年活动

王乃彦（左）出席中国核学会成立 30 周年活动

王乃彦（前排左八）与中国核学会第六届三次理事会会议与会人员合影

中国核学会颁发给王乃彦的全国核技术应用学科首席科学传播专家的聘书

2018 年，第九次全国会员代表大会与院士合影（左起：詹文龙、李冠兴、王大中、陈佳洱、王乃彦）

第六章

薪火相传 桃李满园

薪火相传 桃李满园

王乃彦不仅是位科学家，还是位教育家。

2008 年以前，北京师范大学核科学与技术学院是以相关课题研究小组形式出现的，王乃彦担任学院院长后，积极推动核物理学科的发展，经国务院学位办批准，在北京师范大学核科学与技术学院设立了四个二级学科，即核能科学与技术、核燃料循环与材料、核技术应用、核环境保护，并根据这四个二级学科对学院的研究队伍和教师队伍进行了相应的调配。

2008—2013 年，他受聘担任北京师范大学核科学与技术学院院长及教授、博士生导师，此后，他还担任了学院科学技术委员会和发展委员会主任、北京市辐射中心主任、核工业研究生部主任等学术教育职务。

1998 年，王乃彦与我国著名天文学家、中国天文台名誉台长王绶琯院士发起，61 名科学家联名倡议，在政府及有关部门支持下，1999 年 6 月成立了北京青少年科技俱乐部，为培育杰出科技后继人才铺路搭桥。王乃彦常年为全国大、中学生及相关从业者科普核电知识，用轻松风趣的讲解，增进人们对核电发展和核安全的了解与认识。不仅如此，王乃彦还经常奔赴全国各地，长期担任各大青少年科技竞赛评委，例如全国大学生“挑战杯”竞赛活动，全国青少年科技创新大赛，“明天的小小科学家”竞赛活动等。

2015 年，由于在青少年科技创新工作中的杰出贡献，王乃彦获得了“终身成就奖”。同年，他获得中国科协 2015 年度“十大科学传播人”称号。2016 年，他又获得九部委联合颁发的“全民科学素质行动计划纲要实施工作先进个人”称号。

“我被老一辈科学家的一言一行所鼓舞，我现在算是在扮演一个引导者的角色，就像大手拉小手那样。”

“比我聪明的人有的是，我能走到今天，要感谢老师对我的启发、学校环境对我的熏陶。”

“学科教学和文体活动，安排恰当的话并不会产生矛盾，学校应该营造条件让孩子们德智体全面发展，让他们真的能够在学校释放天性，打打篮球，歌唱舞蹈，学校可不能把原本天真可爱的孩子培养成书呆子。小提琴伴随爱因斯坦一生，钱学森爱好美术、喜欢拉小提琴，科学家并不是书呆子。”

——王乃彦

王乃彦（前排右三）与北京师范大学核科学与技术学院 2008 届物理系硕士研究生毕业合影

王乃彦（前排左四）与北京师范大学核科学与技术学院 2009 届研究生毕业合影

王乃彦（前排右七）与北京师范大学核科学与技术学院 2010 届本科生毕业合影

2010年，王乃彦（右三）与北京师范大学核科学与技术学院党政领导合影

2011 年，王乃彦（右三）接待法国使馆科技参赞

王乃彦（右三）主持核科学与技术学院、北京市辐射中心 2011 年年终总结及学科推进会

2013 年，王乃彦（左一）在重点实验室学术委员会会议上发言

2015 年，王乃彦（左一）参加研究生培养方案评审会

2015 年，时任武汉大学校长李晓红为王乃彦（左）颁发珞珈讲坛证书

王乃彦（前排左三）参加第四届“明天小小科学家”奖励活动

王乃彦的“明天小小科学家”奖励活动评审委员会荣誉顾问徽章

2015 年，中国科学传播十大科学传播人合影，右六为王乃彦

2015 年，王乃彦（左二）被评为“十大科学传播人”

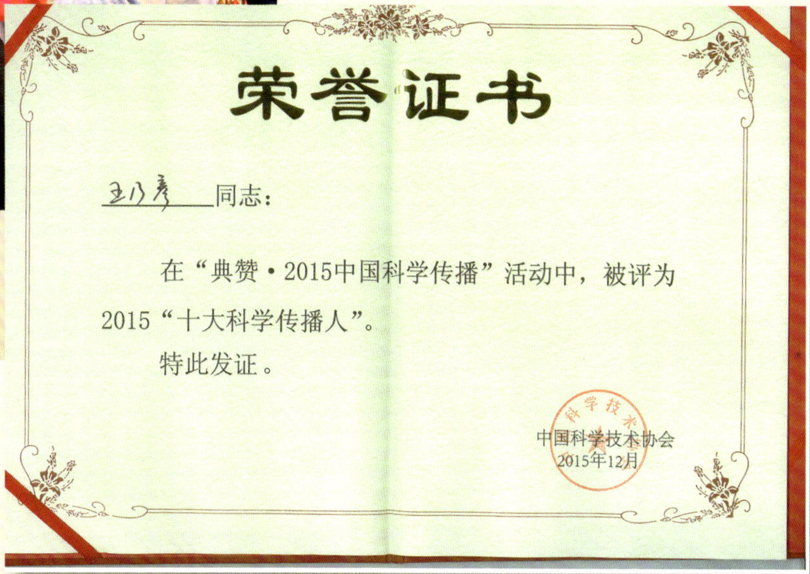

荣誉证书

王乃彦同志：

在“典赞·2015中国科学传播”活动中，被评为2015“十大科学传播人”。

特此发证。

中国科学技术协会

2015年12月

2015 年，王乃彦获得的“十大科学传播人”荣誉证书

第七章

一生奋斗 友爱环萦

一生奋斗 友爱环萦

王乃彦说："'中国式'的科学家，都有两个共同的优秀品质，一是强烈的爱国主义思想，一是对科学执着的追求。" 这两点在他的身上也体现得淋漓尽致。原来打算一辈子研究无线电电子学的他，响应国家的号召，为中国核事业奋斗了一生。1986 年，当他看到五星红旗挂在第二届国际相对论性电子束惯性约束核聚变会议会场最中间时，他感到由衷的骄傲和自豪。他说："一个中国人任何时候都要想着为国争光。"爱国奉献深深地融入了他的血液中。从北京大学到杜布纳、从金银滩到原子能科学研究院，在追寻科学真理的道路上他结识了钱三强、王淦昌、朱光亚、周光召、李政道、丁肇中等良师益友，也留下了不断进取、勇攀科学高峰的坚实脚印。年逾六旬的他为了学英语，听坏了十几台录音机，最终达到了可以用英语脱稿演讲、现场发挥的水平，获得了大家由衷的敬佩。在苏联 6 年、青海 15 年，由于工作的原因王乃彦在三个女儿成长的过程中总是缺席，他也深感愧疚。好在大女儿很懂事，经常带着两个妹妹玩，也分担了很多家务。现在王乃彦仍奋战在科研一线，但同时他也把更多的爱和陪伴留给了家人。

王乃彦（右）与王淦昌

1998 年夏，王乃彦在家中工作

2000 年，王乃彦（左）与李政道合影

王乃彦（左二）与丁肇中（左三）合影

2002 年，王乃彦（台上致辞者）在王淦昌中学揭牌仪式暨王淦昌先生诞辰九十五周年纪念活动上致辞

2002 年，王乃彦（第二排左二）与中国原子能科学研究院王淦昌塑像合影

2005 年，王乃彦（左）参加世界物理年活动

2007 年，王乃彦（后排左一）出席纪念王淦昌诞辰 100 周年座谈会

2008 年，王乃彦（前排右三）参加中国科协科学道德与学风建设天津大学报告会

2009 年，王乃彦在中俄建交 60 周年科技论坛上致辞

王乃彦编著的《聚变能及其未来》

王乃彦主编的《新兴的强激光》

王乃彦组织出版的《宇宙能源——聚变》

王乃彦翻译的《激光与核：超高强度激光在核科学中的应用》，现已作为研究生教材使用

一生奋斗 友爱环萦

1962 年 8 月，王乃彦与夫人郑守钧的结婚照

1994 年，王乃彦与夫人郑守钧在长白山休假

1994 年，王乃彦与夫人郑守钧在长白山天池

1998 年，王乃彦（右）与家人合影

1994 年，王乃彦与夫人郑守钧在北海公园

一生奋斗 友爱环萦

2000 年，王乃彦（左二）与家人在未名湖畔合影

2004 年，王乃彦（右二）与家人在北海公园漪澜堂合影

简历

1935 年

11 月 21 日生于福建省福州市

1952—1955 年

在北京大学物理系学习

1955—1956 年

在北京大学技术物理系学习

1956—1959 年

任二机部北京原子能研究所（中国原子能科学研究院前身）研究实习员

1959—1965 年

在苏联杜布纳联合核子研究所工作

1965 年

任二机部北京原子能研究所助理研究员

1965—1974 年

任二机部核武器研究设计院助理研究员

1974—1979 年

任二机部核武器研究设计院二所 203 室主任、助理研究员

1979—1981 年

任二机部北京原子能研究所副研究员

1981—1985 年

历任核工业部中国原子能科学研究院副研究员、研究员和激光与离子束研究室主任

1985—1986 年

任日本名古屋大学等离子体物理研究所研究员

1986—1988 年

任核工业部原子能科学研究院物理研究所所长、研究员

1988—1991 年

分别任中国原子能科学研究院科学技术委员会副主任、代主任、研究员及国家高技术强激光技术主题专家组成员

1991 年

分别任中国原子能科学研究院副院长、科学技术委员会主任、研究员、国家高技术强激光技术主题专家组成员

1991—1995 年

分别任中国原子能科学研究院科学技术委员会主任、研究员、国家“863”计划惯性聚变专家组成员

1993 年

当选为中国科学院院士

1995—1999 年

分别任核工业研究生部主任、核工业总公司科技委副主任、国家自然科学基金委员会副主任，中国核学会副理事长、中国物理学会常务理事、世界核聚变理事会理事

2003 年

分别任核工业研究生部主任、国家自然科学基金委员会副主任，当选为中国核学会理事长、中国物理学会常务理事，任核工业集团公司科技委顾问，当选为太平洋地区核理事会副理事长、理事长以及理事会选举委员会主席

2003—2008 年

分别任核工业研究生部主任、国家高技术强激光领域专家组顾问，当选为中国核学会理事长、中国物理学会副理事长， 任国防科工委咨询委员会委员、总装备部科技委兼职委员

2008 年至今

分别任中国原子能科学研究院副院长、核工业研究生部主任、核工业集团公司科技委高级顾问、国防科工局科技委核专业分委会副主任、总装备部科技委兼职委员

后 记

几十年来，几代核工业人艰苦创业、开拓创新，推动我国核工业从无到有、从小到大，取得了世人瞩目的成就，为国家安全和经济建设作出了突出贡献。在几代核工业人之中，核科学家无疑是其中最引人注目的群体之一。

2019 年，中共中央办公厅、国务院办公厅印发《关于进一步弘扬科学家精神加强作风和学风建设的意见》，指出要引导广大科技工作者在践行社会主义核心价值观中走在前列，争做重大科研成果的创造者、建设科技强国的奉献者、崇高思想品格的践行者、良好社会风尚的引领者。为了响应号召，进一步弘扬科学家精神，我们组织编写《中国核学会科学家画册》系列丛书，通过讲述核科学家的故事，更生动地诠释科学家精神，感受他们心底那份对祖国的爱、对家人的温暖和对事业的执着。

在本书编写过程中，王乃彦院士夫人及女儿王雪梅女士，中国原子能科学研究院研究员郭冰提供了大量宝贵的照片和丰富详实的资料，在此向他们表示感谢。此外，在编写过程中，还得到了其他一些机构和个人的帮助，在此一并致谢。